形さがし －1

年　月　日　名前（　　　　　　　　　　　　　　　　　）

下の枠の中に 　:: 　が3組あります。それらを見つけて

　□　のように線でむすびましょう。

年　月　日　名前（　　　　　　　　　　　　　　）

下の枠の中に　⟨・・⟩　が3組あります。それらを見つけて

のように線でむすびましょう。

形さがし －3

年　月　日　名前（　　　　　　　　　　　　　　　）

下の枠の中に ⊡ が3組あります。それらを見つけて

□ のように線でむすびましょう。

宮口幸治：やさしいコグトレ―認知機能強化トレーニング．三輪書店、2018 より

年　月　日　名前（　　　　　　　　　　　　）

下の枠の中に　⸭⸭　が４組あります。それらを見つけて

□　のように線でむすびましょう。

形さがし −5

年　　月　　日　名前（　　　　　　　　　　　　　　　）

下の枠の中に ⠿ が4組あります。それらを見つけて

□ のように線でむすびましょう。

年　月　日　名前（　　　　　　　　　）

下の枠の中に ⬚ が4組あります。それらを見つけて

□ のように線でむすびましょう。

宮口幸治：やさしいコグトレ—認知機能強化トレーニング．三輪書店、2018 より

年　月　日　名前（　　　　　　　　　　　　　　　　）

下の枠の中に ⠢⠢ が5組あります。それらを見つけて

▢ のように線でむすびましょう。

宮口幸治：やさしいコグトレ―認知機能強化トレーニング．三輪書店、2018 より

形さがし −8

年　　月　　日　名前（　　　　　　　　　　　　　　）

下の枠の中に [・・／・・] が5組あります。それらを見つけて

[□] のように線でむすびましょう。

かたち

ねん がつ にち なまえ
年　　月　　日　名前（　　　　　　　　　　　　　　）

した わく なか　　　　　　　　　　　　　　　　　　　　　　　　　くみ　　　　　　　　　　　　み
下の枠の中に　　　　　　　　　が5組あります。それらを見つけて

せん
のように線でむすびましょう。

宮口幸治：やさしいコグトレ—認知機能強化トレーニング．三輪書店、2018 より

年　月　日　名前（　　　　　　　　　　　　　　　　）

下の枠の中に ⸭⸭ が5組あります。それらを見つけて

□ のように線でむすびましょう。

宮口幸治：やさしいコグトレ―認知機能強化トレーニング．三輪書店、2018 より

形さがし　おまけ１

宮口幸治：コグトレドリル やさしいコグトレ―見つけるⅠ．三輪書店、2023

年　月　日　名前（　　　　　　　　　　　　）

下の枠の中に　ⁱ⁝⁝　が5組あります。それらを見つけて

□　のように線でむすびましょう。

年　　月　　日　名前（　　　　　　　　　　　　）

下の枠の中に ⣏ が5組あります。それらを見つけて

□ のように線でむすびましょう。

宮口幸治：コグトレドリル やさしいコグトレ―見つける I．三輪書店、2023

年^{ねん} 月^{がつ} 日^{にち} 名前^{なまえ}(　　　　　　　　　　　　　　)

この絵^えをみて、どんな影^{かげ}ができる

か当^あててください。

下^{した}の①〜④から選^{えら}びましょう。

答^{こた}え [　　　]

①

②

③

④

宮口幸治：やさしいコグトレ―認知機能強化トレーニング．三輪書店、2018 より

この影はどれ？　①-2

年　　月　　日　名前（　　　　　　　　　　　　　　　）

この絵をみて、どんな影ができる
か当ててください。

下の①〜④から選びましょう。

答え〔　　　〕

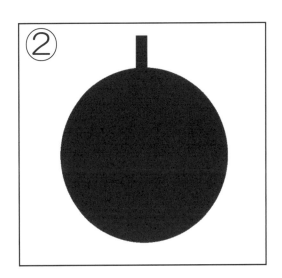

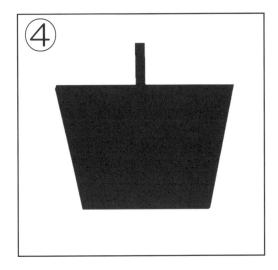

宮口幸治：やさしいコグトレ―認知機能強化トレーニング. 三輪書店、2018 より

この影はどれ？ ①-3

年　月　日　名前（　　　　　　　　　　　　）

この絵をみて、どんな影ができるか当ててください。

下の①〜④から選びましょう。

答え［　　］

①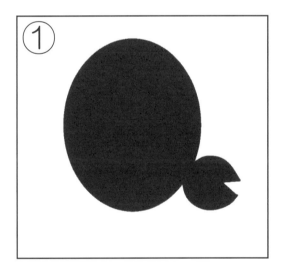

②

③

④

宮口幸治：やさしいコグトレ―認知機能強化トレーニング．三輪書店、2018 より

この影^{かげ}はどれ？　①－4

年^{ねん}　月^{がつ}　日^{にち}　名前^{なまえ}（　　　　　　　　　　　　　　　　　）

この絵^えをみて、どんな影^{かげ}ができる
か当^あててください。

下^{した}の①〜④から選^{えら}びましょう。

答^{こた}え　〔　　　　〕

①

②

③

④

宮口幸治：やさしいコグトレ―認知機能強化トレーニング．三輪書店、2018 より

この影はどれ？　①-5

年　月　日　名前（　　　　　　　　　　　　）

この絵をみて、どんな影ができるか当ててください。

下の①〜④から選びましょう。

答え ［　　　］

宮口幸治：やさしいコグトレ―認知機能強化トレーニング．三輪書店、2018 より

年　月　日　名前（　　　　　　　　　　　）

この絵をみて、どんな影ができるか当ててください。

下の①〜④から選びましょう。

答え　[　　　]

①

②

③

④

宮口幸治：やさしいコグトレ—認知機能強化トレーニング．三輪書店、2018 より

年^{ねん}　　月^{がつ}　　日^{にち}　名前^{なまえ}（　　　　　　　　　　　　　）

この絵^えをみて、どんな影^{かげ}ができる

か当^あててください。

下^{した}の①～④から選^{えら}びましょう。

答^{こた}え〔　　　〕

①

②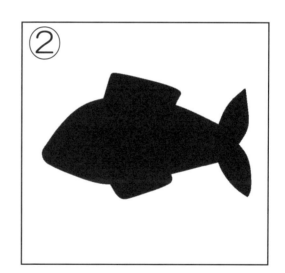

③

④

宮口幸治：やさしいコグトレ—認知機能強化トレーニング．三輪書店、2018 より

年　月　日　名前（　　　　　　　　　　　　）

この絵をみて、どんな影ができる
か当ててください。

下の①～④から選びましょう。

答え　[　　　]

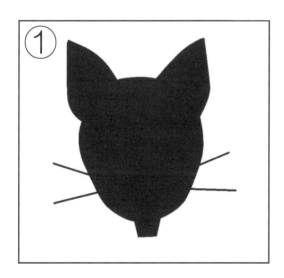

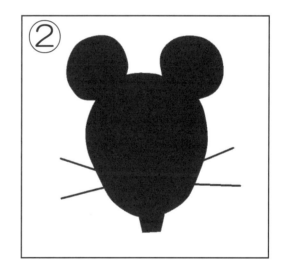

宮口幸治：やさしいコグトレ—認知機能強化トレーニング. 三輪書店、2018 より

この影はどれ？　①-9

年　月　日　名前（　　　　　　　　　　　　）

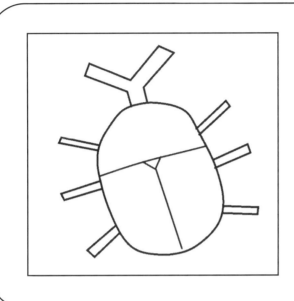

この絵をみて、どんな影ができるか当ててください。

下の①～④から選びましょう。

答え [　　]

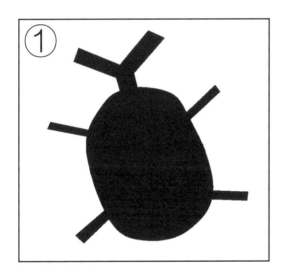

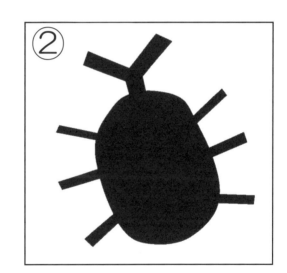

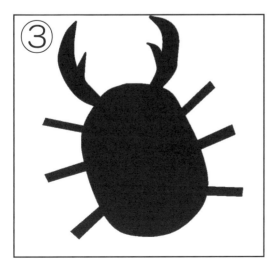

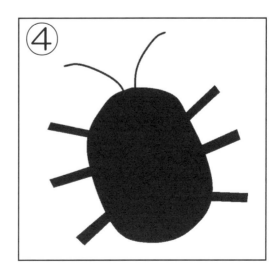

宮口幸治：やさしいコグトレ―認知機能強化トレーニング．三輪書店、2018 より

年　月　日　名前（　　　　　　　　　　　　　　　）

この絵をみて、どんな影ができるか当ててください。

下の①～④から選びましょう。

答え〔　　　〕

①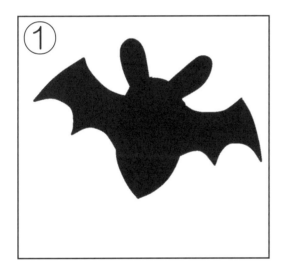

②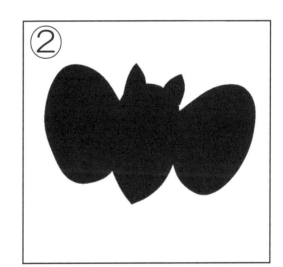

③

④

宮口幸治：やさしいコグトレ認知機能強化トレーニング．三輪書店、2018 より

年　月　日　名前（　　　　　　　　　　　　　）

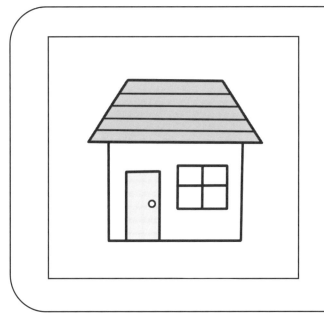

この絵をみて、どんな影ができる
か当ててください。

下の①～④から選びましょう。

答え〔　　　　〕

①

②

③

④

宮口幸治：コグトレドリル やさしいコグトレ―見つける Ⅰ．三輪書店、2023

年　月　日　名前（　　　　　　　　　　　　　）

下の4枚の絵の中に、全く同じ絵が2枚あります。その2枚を探して
下の［　　］に番号を書きましょう。

同じ絵は［　　　と　　　　］

宮口幸治：やさしいコグトレ―認知機能強化トレーニング. 三輪書店、2018 より

年 月 日 名前（　　　　　　　　　　　　　　　）

下の4枚の絵の中に、全く同じ絵が2枚あります。その2枚を探して下の［　　］に番号を書きましょう。

同じ絵は［　　　と　　　　］

宮口幸治：やさしいコグトレ―認知機能強化トレーニング．三輪書店、2018 より

年　月　日　名前（　　　　　　　　　　　　　）

下の4枚の絵の中に、全く同じ絵が2枚あります。その2枚を探して
下の［　　］に番号を書きましょう。

同じ絵は［　　　と　　　］

宮口幸治：やさしいコグトレ—認知機能強化トレーニング. 三輪書店、2018 より

年　月　日　名前（　　　　　　　　　　　　　　　　）

下の４枚の絵の中に、全く同じ絵が２枚あります。その２枚を探して
下の［　　］に番号を書きましょう。

同じ絵は［　　　と　　　　］

宮口幸治：やさしいコグトレ―認知機能強化トレーニング．三輪書店、2018 より

年 月 日 名前（ 　　　　　　　　　　　　 ）

下の4枚の絵の中に、全く同じ絵が2枚あります。その2枚を探して下の [　] に番号を書きましょう。

同じ絵は [　　 と 　　]

宮口幸治：やさしいコグトレ─認知機能強化トレーニング. 三輪書店、2018 より

年　月　日　名前（　　　　　　　　　　　　　　　　　）

下の4枚の絵の中に、全く同じ絵が2枚あります。その2枚を探して
下の［　　　］に番号を書きましょう。

同じ絵は［　　　と　　　］

宮口幸治：やさしいコグトレ―認知機能強化トレーニング．三輪書店、2018 より

年　月　日　名前（　　　　　　　　　　　　　　　　）

下の4枚の絵の中に、全く同じ絵が2枚あります。その2枚を探して
下の［　　　］に番号を書きましょう。

同じ絵は［　　　と　　　　］

宮口幸治：やさしいコグトレ―認知機能強化トレーニング. 三輪書店、2018 より

同じ絵はどれ？ ①-8

年　月　日　名前（　　　　　　　　　　　　　　　）

下の４枚の絵の中に、全く同じ絵が２枚あります。その２枚を探して
下の［　　］に番号を書きましょう。

同じ絵は［　　　と　　　　］

コグトレ

年　月　日　名前（　　　　　　　　　　　　　　　　　）

下の4枚の絵の中に、全く同じ絵が2枚あります。その2枚を探して
下の [　　] に番号を書きましょう。

①

②

③

④

同じ絵は [　　　と　　　　]

宮口幸治：やさしいコグトレ―認知機能強化トレーニング．三輪書店、2018 より

<table>
<tr><td>ねん
年</td><td>がつ
月</td><td>にち
日</td><td>なまえ
名前（</td><td>　　　　　　　　　）</td></tr>
</table>

下の4枚の絵の中に、全く同じ絵が2枚あります。その2枚を探して
下の［　　］に番号を書きましょう。

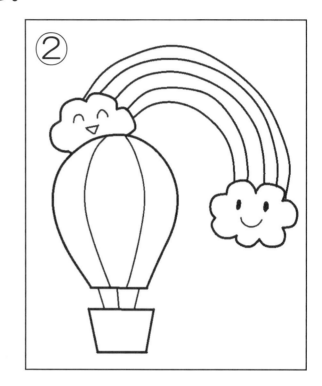

おな　え
同じ絵は［　　　と　　　　］

宮口幸治：やさしいコグトレ―認知機能強化トレーニング. 三輪書店、2018 より

年　月　日　名前（　　　　　　　　　　　　　）

下の4枚の絵の中に、全く同じ絵が2枚あります。その2枚を探して
下の［　　］に番号を書きましょう。

同じ絵は［　　と　　］

宮口幸治：やさしいコグトレ―認知機能強化トレーニング．三輪書店、2018 より

年　　月　　日　名前（　　　　　　　　　　　　　）

下の４枚の絵の中に、全く同じ絵が２枚あります。その２枚を探して下の［　　］に番号を書きましょう。

同じ絵は［　　　と　　　］

宮口幸治：やさしいコグトレ―認知機能強化トレーニング．三輪書店、2018 より

年　月　日　名前（　　　　　　　　　　　　　　　　　）

下の4枚の絵の中に、全く同じ絵が2枚あります。その2枚を探して下の［　］に番号を書きましょう。

同じ絵は［　　と　　］

宮口幸治：やさしいコグトレー認知機能強化トレーニング．三輪書店、2018 より

年　月　日　名前（ 　　　　　　　　　　　　　　　　）

下の４枚の絵の中に、全く同じ絵が２枚あります。その２枚を探して
下の［　　］に番号を書きましょう。

①

②

③

④

同じ絵は［　　　と　　　　］

こたえ

形さがし

1

2

3

4

5

6

7

8

9

10

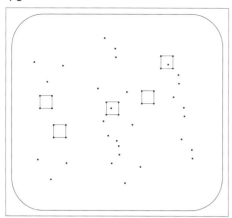

おまけ1

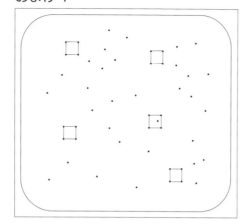

おまけ2

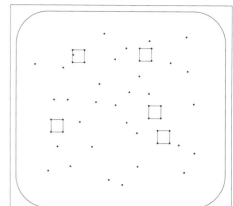

この影はどれ？

①－1：3
①－2：1
①－3：2
①－4：4
①－5：1
①－6：4
①－7：3
①－8：2
①－9：2
①－10：3
①－おまけ1：4

同じ絵はどれ？

①－1：①と③

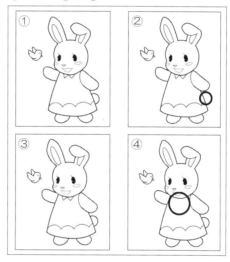

①－2：②と③

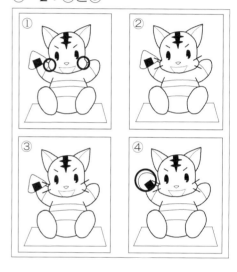

①－3：③と④

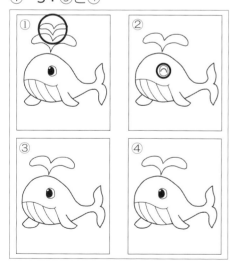

①－4：①と③

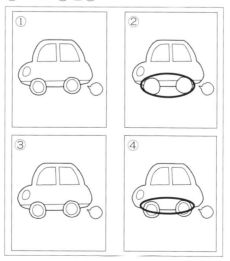

①－5：②と④

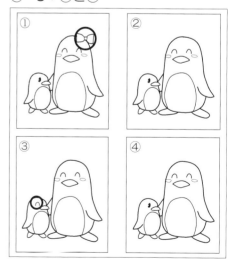

同じ絵はどれ？　（続き）

① -6：①と④

① -7：①と②
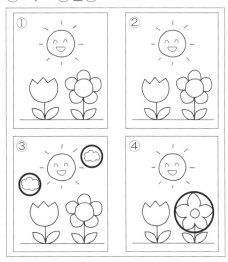

① -8：②と④
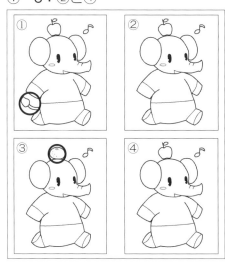

① -9：②と③
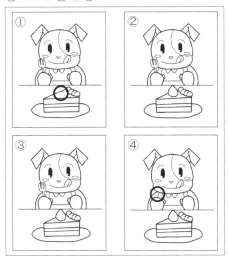

① -10：②と④
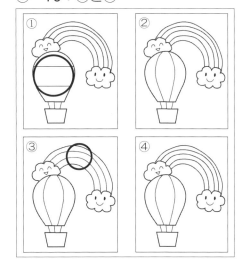

① -11：①と④
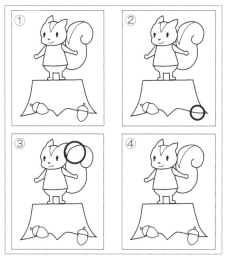

① -12：①と②

① -13：②と③
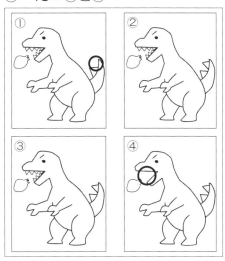

① -おまけ1：③と④
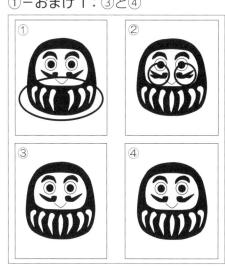

✏️ コグトレシート

ドリルがおわったら、すきなコグトレシールをはりましょう。

形さがし -1	形さがし -7	この影はどれ？①-1	この影はどれ？①-6	この影はどれ？①おまけ1	同じ絵はどれ？①-5	同じ絵はどれ？①-10
形さがし -2	形さがし -8	この影はどれ？①-2	この影はどれ？①-7	同じ絵はどれ？①-1	同じ絵はどれ？①-6	同じ絵はどれ？①-11
形さがし -3	形さがし -9	この影はどれ？①-3	この影はどれ？①-8	同じ絵はどれ？①-2	同じ絵はどれ？①-7	同じ絵はどれ？①-12
形さがし -4	形さがし -10	この影はどれ？①-4	この影はどれ？①-9	同じ絵はどれ？①-3	同じ絵はどれ？①-8	同じ絵はどれ？①-13
形さがし -5	形さがし おまけ1	この影はどれ？①-5	この影はどれ？①-10	同じ絵はどれ？①-4	同じ絵はどれ？①-9	同じ絵はどれ？①おまけ1
形さがし -6	形さがし おまけ2					

✏️ コグトレ書籍シリーズ

【学習面】

このドリルが気に入ったお子さまには『やさしいコグトレー認知機能強化トレーニング』

もう少しむずかしいものにチャレンジしたい！というお子さまには『コグトレーみる・きく・想像するための認知機能強化トレーニング』

もう少しやさしいものから試したい！というお子さまには『もっとやさしいコグトレー思考力や社会性の基礎を養う認知機能強化トレーニング』

【身体面】

身体面での不器用さを感じたら『身体面のコグトレ 不器用な子どもたちへの認知作業トレーニング 増補改訂版』

【社会面】

対人スキルや感情のコントロールの力を磨くには『社会面のコグトレ　認知ソーシャルトレーニング①　段階式感情トレーニング／危険予知トレーニング編』『社会面のコグトレ　認知ソーシャルトレーニング②　対人マナートレーニング／段階式問題解決トレーニング編』

やさしいコグトレ 見つける I

三輪書店

発行　2023年4月1日　第1版第1刷 ©
著者　宮口幸治
発行者　青山　智
発行所　株式会社 三輪書店
　〒113-0033　東京都文京区本郷6-17-9　本郷綱ビル
　TEL 03-3816-7796　FAX 03-3816-7756　https://www.miwapubl.com/
表紙・キャラクターデザイン、シールイラスト　早瀬衣里子
印刷所　株式会社 太洋社
ISBN　978-4-89590-770-5　C6337

JCOPY ＜出版者著作権管理機構 委託出版物＞

定価(本体700円＋税)
ISBN　978-4-89590-770-5
C6337　￥700E

コグトレドリルシリーズ

書籍のCDと「コグトレドリル」シリーズに収載した課題シートの関係は、このようになっています

対応書籍	覚える	数える	写す	見つける	想像する
	・なにがあった？ ・なにがでてきた？ ・どうぶつでポン	・まとめる①、② ・かぞえる①～⑧	・ぬりえ ・てんつなぎ①、② ・きょくせんつなぎ	・めいろ ・このかげはどれ？ ・ちがうのはどこ？ ・ちがうえはどれ？ ・どこがおかしい？	
		・まとめる① ・まとめる② ・記号さがし① ・記号さがし② ・記号さがし③ ・あいう算① ・あいう算② ・あいう算③	・点つなぎ① ・点つなぎ② ・点つなぎ③ ・曲線つなぎ① ・曲線つなぎ② ・ゆれる点つなぎ	・形さがし ・この影はどれ？① ・この影はどれ？② ・同じ絵はどれ？① ・同じ絵はどれ？②	・スタンプ
	・何があった？①～⑫ ・数字はどこ？ ・文字はどこ？ ・数字と文字はどこ？ ・記号はどこ？ ・○はどこ？①～④ ・アレはどこ？①～③ ・最初とポン①～③ ・最後とポン①～③ ・何が一番？①、② ・何が何番？①、②	・まとめる ・記号さがし①～④ ・あいう算 ・さがし算①、②	・点つなぎ①～③ ・曲線つなぎ①～③ ・折り合わせ図形①～③ ・記号の変換①～③ ・鏡映し ・くるくる星座	・黒ぬり図形 ・重なり図形 ・回転パズル①、② ・形さがし ・違いはどこ？ ・同じ絵はどれ？	・穴の位置①、② ・心で回転①、② ・順位決定戦①、② ・物語つくり

書籍『やさしいコグトレ』の「記号さがし①」と「あいう算①」が入っています

書籍『やさしいコグトレ』の「点つなぎ①」と「ゆれる点つなぎ (一部)」が入っています

このドリルには書籍『やさしいコグトレ』の「形さがし (一部)」、「この影はどれ？①(一部)」と「同じ絵はどれ？①(一部)」が入っています

書籍『やさしいコグトレ』の「スタンプ」が入っています

書籍『やさしいコグトレ』の「記号さがし②」と「あいう算②」が入っています

書籍『やさしいコグトレ』の「点つなぎ②」と「ゆれる点つなぎ (一部)」が入っています

書籍『やさしいコグトレ』の「形さがし (一部)」、「この影はどれ？①、②(それぞれ一部)」と「同じ絵はどれ？①、②」

＊ドリルは要素別に、難易度順に並んでいます

ここからはがしてください

61
ISBN：9784895907705
1/1
受注No：118787
受注日付：241129
コメント：6337
書店CD：187280
05
受注